엄마 마음 시를 쓰다

엄마 마음, 시를 쓰다

초판 1쇄 발행 2021년 8월 9일

지은이 조은미
펴낸이 장길수
펴낸곳 지식과감성#
출판등록 제2012-000081호

교정 양수진
디자인 이현
편집 이현
검수 백승은
마케팅 고은빛, 정연우

주소 서울시 금천구 벚꽃로298 대륭포스트타워6차 1212호
전화 070-4651-3730~4
팩스 070-4325-7006
이메일 ksbookup@naver.com
홈페이지 www.knsbookup.com

ISBN 979-11-392-0016-4(03810)
값 12,000원

- 이 책의 판권은 지은이와 지식과감성#에 있습니다.
- 이 책 내용의 전부 또는 일부를 재사용하려면 반드시 양측의 서면 동의를 받아야 합니다.
- 잘못된 책은 구입하신 곳에서 바꾸어 드립니다.

지식과감성#
홈페이지 바로가기

엄마 마음 시를 쓰다

조은미 시집

프롤로그

엄마의 마음이 詩가 되어
너에게 흐르길

모든 순간을 기억할 수 있다면 우리는 어떤 삶을 살게 될까요?
자식을 키우는 부모라면 아마도 모두 같은 생각을 하고 있을 거예요.
아이가 쑥쑥 자라는 모습을 바라볼 수 있다는 것이 '기적'임을요.
그러나 막상 일상 속에서 이 '기적'을 목격하는 것이 쉽지가 않더군요.
지나면 어느새 잊어버리고, 애써 기억하려 하면 그때의 생생함은 어디론가 사라지고 아쉬움만 남게 되어요.
요즘은 스마트 기기로 아이들의 지난 시간들을 쉽게 꺼내 볼 수 있어서 참 다행이에요.
하지만 100% 잘 보존된 영상이 우리가 그때 느꼈던 감동까지 담을 수는 없겠죠.

단 한 편의 시, 단 한 줄의 문장이 사람의 인생을 바꾸어놓을 수도 있다는 말을 저는 믿어요.
아이와 함께하며 부모가 느끼는 그 수많은 감정들, 아이와 주고받는 보물 같은 대화들, 아이를 제대로 키우는 것인지 묻는 독백들, 힘이 들 때 나를 위로하는 마음들, 아이에게 상처를 주는 내 부끄러운 모습들, 세상을 살며 결연히 하는 다짐들….
그런 일들을 겪을 때마다 조금씩 글로 기록하기 시작했습니다.
아이들이 더 어렸을 그때, 저도 지금보다 훨씬 더 젊었을 때는 기록의 소중함을 몰랐던 것 같아요.
잇몸으로 열심히 엄마 젖을 빨던 첫째는 세월이 흘러 이제 영구치가 튼튼히 자리를 잡았어요.
둘째는 유치가 빠져 다시 귀여운 잇몸의 여백을 자랑

한답니다.

셋째는 웃을 때마다 제게는 없는 보조개를 보여주며, 6살 형님이라고 말은 하지만 아직도 아가의 모습이 보여요.

아이의 빠진 이들을 후련하게 버리기도 하고 또 몇 개는 소중하게 모아두기도 하면서 아이의 성장 속에 제 인생도 스며있다는 것을 발견하게 되었습니다.

아이가 어떤 일에 성공해서 온 세상을 얻은 듯 기뻐할 때, 세상에서 가장 예쁜 말을 제게 건네주었을 때, 우리만이 아는 암호를 주고받을 때, 새로운 시작 앞에서 흥분된 아이를 볼 때, 신비로운 언어를 창조해낼 때, 천사 같은 얼굴로 잠이 들었을 때, 갑자기 아픈 아이의 고통을 나눌 수 없을 때…. 그 순간마다 제 마음을 '시'라는 언어로 적어보았습니다.

많은 엄마들이 자신만의 이야기를 소소하게 기록하며, 세상에 내놓기를 바랍니다.
엄마의 시는 아이에게 줄 수 있는 가장 아름답고 멋진 선물이 될 수 있을 거란 확신이 들어요.
이 시집의 일부는 제 책 《아이를 낳고 천 권의 책을 읽었습니다》에 썼던 내용을 개정해서 다시 실었습니다.
세상에 이 글이 나오게 해준 사랑하는 세 아이들 도헌, 린아, 리현이와 이 보물들을 만나게 해준 남편에게 제가 줄 수 있는 세상 모든 사랑을 전합니다.

프롤로그 : 엄마의 마음이 詩가 되어 너에게 흐르길 · 4

PART 1 ❧ 당신이 얼마나 아름다운지

우리 지금을 살아요 · 14
내가 든 칼날을 치워라 · 15
나는 오늘도 행복을 택하기로 했다 · 18
당신도 힘들었군요 · 21
새벽 비움 · 24
나만의 방 · 29
내가 꼭 하고 싶은 이야기야 · 30
느린 엄마 · 36
비밀 · 37
상처를 줄 수 없다 · 38
당신은 잘 되어가고 있어요 · 40
무엇이 기적인가 · 43
용서 · 44
맛있는 엄마 냄새 · 46
내가 더 많이 사랑할게요 · 48
나를 믿는다는 것 · 49
책이 너에게 해답을 줄 것이다 · 50
나비를 품은 고치 · 51
시작이 느린 사람 · 52

포기하지 않기로 해요 · 53

희망이 · 54

여자, 거울 앞에서 · 56

행운꽃 팔찌 · 57

아무것도 하지 않아도 괜찮아 · 59

당신은 오늘이 가장 아름답다 · 60

당신에게 바치는 글 · 61

365일 항상 예쁨 · 62

아픈 만큼 자라서 · 64

PART 2 ❀ 세상 가장 소중한 너를 사랑해

네가 괜찮으면 나도 괜찮아 · 68

마법의 강낭콩 · 70

붉은 카네이션과 파란 하트 · 72

너는 할 수 있어 · 74

가장 아름다운 날에 · 76

별이 있는 밤 너에게 · 77

달달한 인생 · 78

나쁜 엄마 · 79

너의 새 출발을 축하해 · 81

사랑을 소유하다 · 84

더 넓은 세상 · 86
하얀 바다별 · 88
우주와 달님 · 90
너의 사람들이 행복하게 · 93
눈꽃, 딸 · 95
여기 있어줘 · 96
너를 잠시 잃어버린 날 · 98
있잖아, 천천히 커주어도 괜찮아 · 101
오래가는 사랑 · 102
세상 모든 긍정의 힘을 너에게 · 104
완전한 존재에게 · 106
다행이야 · 109
가장 큰 사람 · 113
그 무엇이든 너는 · 115
처음 듣는 말 · 118
작은 용기 · 121
한결같이 · 124
살아 숨 쉬는 기쁨 · 126
너의 영혼에 온 세상이 · 129

에필로그 : 아이의 마음이 詩가 되어 내게 온다 · 131

PART 1

당신이 얼마나 아름다운지

우리 지금을 살아요

누군가 말했죠
현재는 유일하게 영원한 시간이라고
우리는 지금 그리고 여기에 있어요

온전히
나의
존재에
집중하는 것만이

시간의 굴레에서
벗어나는 방법

내 눈앞에 있는 그 사람을
마음껏
사랑해줘요

내가 든 칼날을 치워라

세상과 싸우려 했지
들켜버릴까 봐

내가 가진 것이 너무도 없어서
그들이
약한 나를
짓밟는다고 착각했었어

작은 만남에도
부딪힐까
조심조심

나를 향해 다가오는
사람들을 애써 피하며
피해자인 척 연기한 지난날들

때로는 독한 마음을 갖고
날 선 말을 뱉어내기도

정말 그땐
사는 게 사는 것이 아니었어

금방이라도
폭발할 것 같은 마음 상태란
타인이 아닌
나를 아프게만 했었으니까

나는 나를
무장 해제시키려
정말 애썼지

나를 바꾸는 일은
생각만큼 쉽지 않거든

그런데 정말
나를 사랑하면 할수록

나를 둘러싼 칼날들이
떨어지기 시작했고
내 주변도 그것을 알아차렸지

나는 지금 꽃 우에 서있어

그 자리에는
사랑만이 올 수 있으니

나는 오늘도 행복을 택하기로 했다

아이들을 본다
맑고 밝은 영혼

아이들의 그 모습이 너무 예뻐서
자주 내 존재를 잊어버린다

이런 예쁜 아이들은
어찌하여 내 곁에 있는 거지?

내가 그런 자격이 될까?
하는 생각도 여러 번

아이들만 놓고 보면
행복하지 않은 부모가 없겠지만

결국엔 나의 인생
내가 있어야 내 삶이 있는 걸

바보같이 몰랐다-

그래 내가 행복해야지
행복하자
매일매일

나는 행복하려고 한다
다른 어떤 누구도 나를 만족시켜줄 수 없으니까

그럼
내가 행복하려고 노력하는 것은
지금 행복하지 않다는 반증일까?
그 질문을 이제 더는 안 하기로 했다

행복이라는 존재는
마음의 마술이라는 것을 충분히 알기에

나랑 친구가 되고
나를 사랑해주고
나의 모든 것을 받아주는 것은

다름 아닌 바로 나
그래서 나는 오늘도 행복을 택하기로 했다

당신도 힘들었군요

당신은 언제나 강한 줄 알았어요
가장 크고 든든한
나의 쉼터

당신도 힘들었군요
그 처진 어깨를 저는 알아요

당신은 늘 제게 말하죠
걱정 말라고

그런 줄 알았어요
당신에게는
이 세상이 다 쉽게 흘러갈 거란 착각

당신에게도 감당할 수 없는 시선들이
많았다는 것을 이제는 알아요

당신의 행동은 늘 거칠어서
세상을 이겨내는 듯 보였죠

언제까지나 강인한 모습만
제게 선물하려고 애썼죠

하지만
당신 안에
그 부드러운 얼굴을
저는 보았어요

당신도 그러고 싶었겠죠
더 더 더 사랑을 표현할 수 있기를

당신도 힘들었군요
이제는 표현해도 괜찮아요

당신의 그 어떤 모습도 사랑하는
당신의 소중한 한 사람으로
그렇게 함께 나이 들고 싶어요

새벽 비움

봄의
끝자락에
내리는 비

봄비 같지만
여름이 그려지는
며칠간의 비

새벽 4시 반
뒤척이는 너희들
셋을 안아보고
입맞춤도 하고

아무것도 덮이지 않은
그 말랑한 배에
찬바람이 들어갈까

이불을 끌어 올리고
다시 너를 들여다보았어
참으로 예쁜 빗소리야

컴컴한 현관을 열었더니
내가 기다리던 택배 상자와 신문
그리고 우유와 요구르트

이렇게 빨리 하루를
시작하는 그분들을
생각하면 궁금해져
너무 고마우니까

열심히 산다는 것은
무엇일까?

내가 자고 있을 그 시각에
깨어있던 그 사람들이
내가 바쁘게 무언가를 하고 있을 때는
꿈꾸며 쉬어 가기를

새벽
화장대를 하나하나 정리하면서
쓰레기봉투에
툭툭 떨어뜨리는 그 느낌도 좋았고

분류하기 좋아하는 네가
아침 일어나
"와" 하고 신기하게 웃어줄
예쁜 모습을
상상했어

좋은 기운이 들어오려면
그 자리에
있어야 할 것들이 가지런히 놓여있고

틈이 갈라지고, 깨지고
제 역할을 다 해낸 것들은
비워져야 함을 이제 조금은 알 것 같아

오늘 새벽
너의 예쁜 물건들을 정리하다가

잃어버렸던 귀걸이 한 짝을 찾았어
이 작은 비움 속에서
나는 깜짝 선물을 얻었구나

이제 새벽이 지나
비는 그치고
옅은 안개는
초록빛을
더 근사하게 품는다

삶은 원이고 축복이고
돌고 도는 물방울이다

비워냄은
결국 채워짐을
깨닫는 새벽이다

나만의 방

그전에는 몰랐다
그냥 되는대로 살았으니까

이제는 내가 머물고 싶은 공간을
내가 만들어간다

그 속에 머무르면
나는 세상에서 가장
아름다운 여자가 된다

그 생각이
또 다른 근사한 생각을 끌어당겨

나는 행복한 미소를 짓는다
사랑의 글을 쓰게 된다

내가 꼭 하고 싶은 이야기야

문득
이런 생각을 해봤어

혹시라도
내가
죽기 전에
이런 생각을 하게 될까

갑자기
나도 모르게
이런 질문이 떠올랐어

어떤 한 가지 일에 오랜 시간 동안
몰입하며 사는 것과
여러 가지 일을 시도해보고
한마디로
다재다능한 사람으로 사는 것

이 둘 중
나는 어떤 삶을 살아야
죽을 때
덜 후회할까

내 마음속에서는
일말의 의심도 없이
어떤 한 분야를 철저하게 파고드는 삶이
내 삶의 끝을 만족스럽게 해줄 것이란
대답이 나왔어

나는 궁금했고 놀라웠고
그 생각에 반박하고 싶었어

나는 지금까지
이것저것 해보면서
살아왔잖아

그래서 또
내 마음에게 물었지
너는 지금 네 삶에
만족하지 못하는 거냐고
나는 그렇다고 대답했어

나는 그 이유를 알고 싶어서
시간을 거슬러
올라갔지

살다 보면 현실에 굴할 때도 있고
진짜 원하는 것이 무엇인지
뒤늦게 찾을 때도 있잖아

나는
내가 되고 싶었던 그 일에
내 전부를 걸어본 적이

단 한 번도 없었다는 걸
알고야 말았어

억울하기도 해
나는 왜 그런 불가능을 꿈꾸었을까

그 어린아이는
열악한 환경 속에서
그토록 아름다운 꽃을 피웠는데

괜한 자격지심에
계속 그 주변을 돌고 돌아
여기까지 온 것간 같다

이제 와서
포기하지 않을게

나는 너를 만나서
사실 더 바랄 것이 없어

그런데
내 꿈은
아직도 나를
그 어린 소녀라고 생각하고 있는 듯

그 자리에서
여전히
싱싱하고 아름답게 나를 기다린다

나는
그 꿈을 이루는 모습을
나의 자랑인 너에게
보여주고 싶어

나는
예전처럼 욕망하는 대신
이제는
지혜라는 날개를 달고
너를 위해서
나의 몰입을 끝까지 지켜낼 거야

너에게도 하고 싶은 말이야
꼭 한 가지만은
너의 인생을 걸어도 된다는 것

너의 땀방울은
그것을 알고 있어

느린 엄마

너의 바쁨이
누구를 위한 건지
곰곰이 생각해본 적 있니

내 아이와 눈을 마주치고
내 아이의 호기심을 기다려주고
내 아이가 표현하는 사랑에 화답하려면

네게는 시간이 필요해
더 느리게 가도 괜찮아

아이로 인해
느린 걸음이 되어도 좋아

그래도 너는 결국
그곳에 도달할 테니까

비밀

누구나 감추고 싶은 일이 있어
결혼을 하고도
지켜져야 할 당신만의 이야기

나도 그런 비밀을 갖고 있으면서
왜 당신과 나를 괴롭혔을까

이제는 그런
어설픈 호기심은 내 관심 밖이다

비밀은
언제까지나
비밀이니까

사랑하는 만큼
신비롭게
아껴주고 싶다

상처를 줄 수 없다

사람은
누구나
존중받아야 한다

나 또한 귀한 존재

육감이란
신비로운 뇌만큼
내 몸이 느끼는
자연의 섭리

느낌이 좋지 않은 사람이 분명히 있다는 것은
나와 맞지 않는다는 뜻일 뿐

그 사람이 나쁘다는 것이 아니다

반대로
무엇을 해도

다 받아주고 싶고
더 다가가고 싶은 사람이 있다

그러므로
당신은
내게 절대로
상처를 줄 수 없다

당신은 잘 되어가고 있어요

요즘 많이 힘들지는 않니?
네가 사랑했던 사람들은
저만치 멀어져간 것 같고

네가 꿈꾸던 일들은
흙먼지 가득히 묻힌 채
이젠 네가 무엇을 원하고 있는지
생각조차 하기 두려운
그런 날들을 보냈을 네가 느껴져

나도 그랬으니까
삶은 참 이상하리만치
우리한테 온갖 것들을 선물하지

왜 우린 실패하는 것들이 많을까
왜 우린 꼭 성공해야만 한다고 생각할까
내가 '선물'이라고 말했지

그래 우리가 겪는 그 쓴맛들도
다 삶이 주는 '선물'이라 생각하자

그런데
우리 정말 대단하지
어렸을 땐 생각지도 못했던 일들을
척척 해내고 있잖아

나만 뒤처진 것같이 느껴지고
뭐 하나라도 진득하게 잘하는 것 없이
호기심만 많아서 이곳저곳 기웃거리기만 하고
네게 남는 것이 하나도 없다고
자책하지는 않았니

괜찮아
아무 문제 없어
너는 잘 되어가고 있다는 것만 명심해

해보고 싶은 것이 있으면
피하지 말고 도전해보고
시도하다가 네 뜻대로 되지 않는다고 해서
너를 비난해서는 안 돼

적어도 우린 해보았으니
후회는 없잖아
그렇다고 금방 포기하는 사람은 되지 마
그 과정 속에서
네가 배울 수 있는 것들이 분명히 있을 거야

우리는 엄마잖아
엄마니까
못할 것이 없어
이미 네 역할을 충분히 해낸 거야
우리는 잘 되어가고 있어

무엇이 기적인가

나를
엄마라고
부르는
아이를

이 지구별 여행어서
만난 것이 기적

용서

아픈 상처가 있어요
너무나도 가까웠었던 사이가
어떤 사건으로 멀어지게 되었을 때

그때는
내가 옳다고만 생각했어요

서운하기만 할 뿐
그런데
나의 서툰 감정 때문에

나보다 그대가 더
상처를 받지 않았을까
미안해집니다

답답한 현실을 피해서
그대가 꿈에 나타나면
숨고만 싶어졌습니다

우리는 원래
서로를 이해하고
아이를 함께 키우며
보듬어주었는데

이제는
연락할 길이 없네요

하지만 언제나 시간은 우리에게
회복할 이성을 선물하지요

고마워요
우리가 나누었던 추억
용서를 구합니다

잘 지내요
그대의 어여쁜 빛들도
잘 자랄 거예요

맛있는 엄마 냄새

기억해주겠니
문 앞까지 풍기는
맛있는 냄새로

집으로 돌아오는
네가 설렌다면

나는
몇 시간이고
주방에서
서있을 수 있어

그것이
정성이지

누가 만들어놓은
반조리 식품을
빨리 데워서
네게 줄 때도 많지만

아무리 오래 걸려도
나만의 레시피가 있다는
그 사실이 나는 좋다

내가 더 많이 사랑할게요

갈구하면 할수록
나는 더 외로운걸

내가
더 주어야
행복한 춤을 함께 출 수 있음을

나를 믿는다는 것

완전한 행복에 이르는 길
그것은
바로 나 자신을 믿는 것

그 누가 나에게 돌을 던질 수 있을까
다른 사람을 아프게 하는 사람은
자기 자신을 믿지 못하는 법이지

나는 나를 믿기에
한없이 흔들리더라도
많은 이들을 행복하게 해줄 수 있다

책이 너에게 해답을 줄 것이다

읽고 또 읽어라
생각하고 또 생각하라
실행하고 또 실행하라
사랑하고 또 사랑하라

나비를 품은 고치

애벌레야
해답은
이미 네 안에 있어

시작이 느린 사람

무엇을
배울 때
항상 속도가 느렸어

그럼에도
점점 더 능숙하게 되었다

남들보다 시작이 늦었음에도
마지막엔
나는 항상 왕관을 썼지

포기하지 않기로 해요

우리 약속해요
절대로
절대로
절대로
꿈을
놓지 않기로

희망이

어느 날
아이의 손에 안겨서 온 새 한 마리

날지 않고
땅에서 불안하게 떨고 있던 새가
안쓰러워 집으로 데려온 아이는
'희망이'라는 이름을 지어주었다

갑자기 날기 시작한 희망이는
베란다로 숨었지
그때 너를 놓아주어야 했었는데

작은 상자에
가두고는
너를 잘 보살펴주는 거라 착각했다

날아오르려는 너를
왜 우린 지켜보고만 있었을까

다음 날
죽어있는 새
희망이라는 이름이 부끄러웠던 날

나는 너희들을
가두지 않으리라

내 눈이 어둡다고
빛이 될 너를 잡지 않으리라

훨훨 날아가는 모습을
언제까지나
마음으로 바라보리라

여자, 거울 앞에서

속눈썹이 예쁘다
내 것이 아니어도
아름다워질 수 있다면
거울 앞 내 모습이
어색해도 좋은걸
나는 나를 사랑할 권리가 있다

행운꽃 팔찌

내가 나에게 선물한 행운의 팔찌
가벼운 마음으로 선택했지만
그 메시지만은 비장했지

"너의 꿈은 꼭 이루어질 거야"라고
나 자신에게
꼭 전하고 싶은 그 말을 적어 넣었어

투명한 스톤이
클로버 속에 쏙 들어와서
너무도 눈이 부시게 예쁘다

얼마 만이지
나에게 주는 선물이

사실 이 팔찌는
똑같은 것을 감사한 이에게 먼저 선물했는데
상대방이 너두 좋아하는 모습에

내가 더욱 행복했고
나도 그 행운을 함께하고 싶어서
내 이름을
주인공 명단에 올렸지
거창하지 않았어

Always look on the bright side!
20대 때부터 내가 가장 좋아한 문구
이미 행운은 네게 와있어

그걸 증명하듯
오늘 너의 팔을 아름답게 감싼
행운의 팔찌를
오늘은 자랑해도 좋겠다

또 다른 멋지고 우아한
행운이 찾아오길
늘 내 인생은 그래왔으니까

아무것도 하지 않아도 괜찮아

세상은 말한다
아무것도 시도하지 않으면
그 무엇도 얻을 수 없다고

하지만
때로는
아무것도 하지 않아도
그 자체로 얻는 것이 분명히 있다

당신은 오늘이 가장 아름답다

오늘이
당신 삶에서
가장 눈이 부시게 예쁜 날

오늘이
당신 삶에서
제일 곱고 아리따운 날

당신에게 바치는 글

아이를 키운다는 건
세상에서 가장 고귀한 일

우리는 아직 기억하고 있어요
내 안에 아주 작은 생명체가
살고 있다는 그 거룩한 신호를

그 순간부터 우리는
천사와 접촉했음을

이 지구에서
이보다 더 숭고한 일이 있을까요

나를 기꺼이 희생하며
매 순간에 이르어지는 육아育兒

모든 엄마는 위대합니다
당신을 마음 깊이 존경해요

365일 항상 예쁨

거북이를 키울 때는
그 딱딱하고 무늬 가득한 등딱지를
만질 자신이 없었어

햄스터는 어찌 보면 귀엽지만
내 손에 올리기를 거부했지

하지만
강아지를 우리 집에 데리고 온 후로
나는 사랑에 빠졌지

처음부터 그러지는 못했어
왠지 모르게 어색하고 부담스럽고
솔직히 귀찮기까지 했었어

그런데 항상 예쁜 모습을 보여주는
생명체가 있다니

삐치는 적도 없고
떼쓰는 적도 없고
미워할 줄도 모르고
사랑만 알잖아

왜 친정 엄마가 홀로되어
강아지를 말씀하셨는지
혼자서 감당하실 능력이 되지 않는다고
포기하셨는지
죄송한 마음이 들어
강아지보다 못한 자식인 것 같아서

아픈 만큼 자라서

힘들었던 옛일들
훌훌 털어내도 좋아요

괴로웠던 기억들이
떠오를 때마다
원하는 삶을 꿈꾸며
우리 다시 일어서요

내게 오는 역경들이
고된 것은
우리가 그것을 뛰어넘을
능력이 있기 때문이라죠

삶이 주는 선물이라 생각하고
너무 거스르려고 애쓰지 말고
시간의 흐름에 나를 맡겨요

우주는 알고 있더요
내가 바라는 것들을
내 인생이 잘 풀리지 않는다고
원망하지 말고
그 시련 속에서 나만의 꽃을 피워내요

우린 할 수 있어요
혼자 울지 말아요
함께 풀어가요
하지만 그 문제는
오직 당신만이 해결할 수 있어요

결국엔
당신은 해낼 거예요
우린 아픔으로 인해 훨씬 더 자랐을 테니

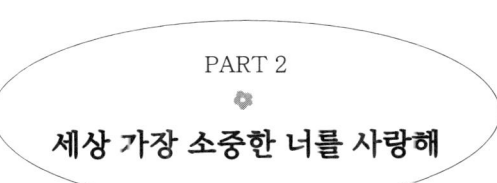

PART 2

세상 가장 소중한 너를 사랑해

네가 괜찮으면 나도 괜찮아

힘도 세지고 머리도 커졌지만
여전히 너는 동심을 가지고 있구나

진지하게
연구하는 듯 보이기도 하고
그냥 무작정 힘을 싣는 것 같기도 하고

네게서 온 전화
"엄마, 나 딱지를 다 잃었어"
"괜찮아, 그럴 수도 있지"
"고마워 엄마, 엄마가 괜찮으면 나도 괜찮아"
"네가 괜찮으면 엄마도 괜찮아"

우리 둘 다 통했네
어쩜 너는 이런 부드러운 말을
내게 해주는 거야

사실은 네가 오늘 딱지를 다 잃고
울면서 아빠에게 전화한 것을
뒤늦게 전해 들었어

그랬구나
네가 그렇게 억울했구나

괜찮지 않음에도
괜찮을 수 있는 네가 정말 대견해

마법의 강낭콩

너희들이 조금씩 자라는 모습을
나는 둔해서 잘 몰라

아주 작고 귀여운
너희들의 모습을
움켜쥐고 있어서
그럴 수도 있겠다

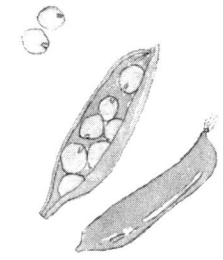

언제 이렇게 큰 거야
이 강낭콩처럼
너희들도 쑥쑥 자라고 있다면
참으로 기쁜 일이지

가녀린 강낭콩 줄기 세 개가
너무 기특해서 가만히 들여다보니
잔뿌리가 정말 촘촘하구나

너희들의 영혼도 그럴 거야
나라는 어른이 상상도 하지 못할 만큼
거대한 섭리가 네 안에 가득하겠지
참 신선한 일이야
너희들은 아주 디세하게 자라겠지

햇살을 받은 강낭콩
그 햇살 속에 아직 꿈꾸는 너희들의 키
강낭콩 꽃을 꼭 보고 싶어
너희들이 피워널 꽃들을 미리 축복하며

붉은 카네이션과 파란 하트

부모님의
희생이 없었다면
지금 내가 이렇게
또 다른 이름의 부모로 살아갈 수 없었음을

감사합니다
사랑합니다

그 무엇으로도
갚을 수 없는 부모님의 사랑
아직도 그 사랑을 받고 있는
마흔한 살의 막내딸은
철들 줄을 모르네요

엄마
엄마
엄마
그 이름

엄마의 품 안에서
세상 가장 행복했던
나의 그 어린 시절과

나를 엄마라고 부르는
세 명의 작은 스승들

오늘 카네이션을 가슴에 꽂고
왠지 모를 어색함에
나의 엄마가 자꾸자꾸 보고 싶어진다

붉은 카네이션
그리고
네 얼굴에 붙은
파란 하트 스티커

너는 할 수 있어

너의 처음은 언제나 경이驚異롭다
네 안에 이미 있었던 능력을
현실에서 꾹꾹
억누르고 있었다는 것을 마주했어

그건 다름 아닌
바로 나 자신이
너는 아직 할 수 없을 거라고 판단했었음을

아니면
네가 힘들어할 것을
미리 차단하려는
말도 안 되는
이기적 욕망이었을 수도

너는
이 세상에서

가장 멋진 그림을
내가 살고 있는 이 세상에서 그려주었어

그래 너는 할 수 있어
그걸 너 스스로
깨달았을 때
콸콸 흘렀던 힘찬 물의 소리를 나는 들었어

너는
강인한 사람
너는
무엇이든지 해낼 수 있는 최고의 사람

조금씩 더 노력하는
너의 모습을
나는 초인의 방향에서
늘 처음처럼 뜨겁게 응원할게

가장 아름다운 날에

마음으로도 말하고
외모로도 말하고
영혼으로도 말하는
너는
정말 날개가 없는 천사

이젠 내 발의 크기보다
더 큰 발을 가진 너

오늘은 너의 날,
5월 5일 초록의 산들바람을 타고
나는 너와 하천을 함께 걸었을 뿐인데
세상에서 가장 아름다운 순간을 얻었어
나는 무엇을 너에게 갚을 수 있을까

별이 있는 밤 너에게

잊고 살 때가 더 많을 거야
네가 드넓은 우주 속에서 살고 있다는 사실을

현실이라는 무대 위에서
잠깐만 고개를 들어 저 먼 곳을 바라봐주겠니
너는 마음으로 저 먼 별들로 오를 수 있지

우리 더 많은 사랑을 하자
하늘 아래 반짝이는 존재로 살아가자
잠시 힘들 땐 꼭 밤하늘을 올려다보렴
그곳엔 항상 널 위한 공간이 있음을

어두운 밤이 깊어질수록
너희들의 별은 더욱 타오른다

달달한 인생

너는 순수 우유 마카롱이야
너무너무 그 살결이 부드러우니까

너는 팥앙금 가득한 찐빵이야
너무너무 뽀얀 피부를 가졌으니까

너는 동그랗고 오돌토돌한 소보로빵이야
너의 눈코입을 보면
아름다운 그 곡선에 반하게 되거든

달콤함은 사람들에게 기쁨을 줄 때가 많지
너라는 존재도 그래

어른이 되니까
쓴 것이 몸에 좋다는 것을 알지만
여전히 나는 단 것이 좋다

너는 영원한 희망이라서
달콤한 인생을 내게 가르쳐주는 사람

나쁜 엄마

나는 괴물이 싫어
정말로 그러고 싶지 않았어

미안하다는 말이 무슨 소용일까
"엄마랑 말하기 싫어"
이런 묘한 느낌
이토록 싫은 감정

내 불안하고 좁은 마음
네 바다같이 넓은 마음

나는 어째서 너의 생각을
그 순간 잘라버렸을까

"엄마는 왜 나한테 있는
제일 강한 색깔은 잘 안 보고,
가장 약한 색깔을 자꾸 찾는 거야"

너만 응원하고 싶어
너를 칭찬하고 싶었는데
나는 너의 주인 노릇을 하느라

악마의 말로 너를 슬프게 했어
넌 완벽하지 않지
완벽하지 않은 것을 덮는 것이 사랑이라며

미안해
내가 잘못했다는 말도 못 하겠어

너는 내가 무서워서
아무 말 못 하는 것을 알면서
거짓 웃음을 부탁하는 나를 용서해주겠니
나는 사랑을 아직도 배우는 중인가 보다

너의 새 출발을 축하해

"엄마 신나"
"엄마 사랑해"

3월 1일
갑자기 추워진 날씨
성에 낀 창문에
네가 손가락으로 쓴 말
학교에 어서 가고 싶다는 너
엄마는 너의 지나간 시간들을 떠올렸지

너의 긴 머리카락을 싹둑 자르고
다섯 살 너의 첫 어린이집 등교 날
떨어지는 눈물 몇 방울을
옷소매로 조용히 닦는 너를
엄마는 잊지 못한다

빨리 빨리
어서 가자
많이도 재촉했지
네가 나와 더 함께하고 싶다고 할 때마다
때로는 냉정하게도 굴었고
또 어느 날은
오래오래 너를 안고 있기도 했지

기억나니
네가 어린이집을 그만두었을 때
함께 베란다 의자에 앉아서
흘러가는 구름을 바라봤던 것을

나는 구름이 그렇게 천천히 또 빠르게
하늘 위를 산책하는 것을 본 적이 없었어

그런 네가
이제 초등학생이 되는 첫날이구나
널 위해 많은 것을 준비하지 못했는데도
색연필 하나 지우개 하나에도
예쁜 미소를 지어주는 너

힘들고 두려운 것들이
네 앞에 나타날 때면
너의 뒤에 있는 엄마를 떠올리렴

사랑을 소유하다

너랑 같이 있을 때
나는 자꾸 꿈을 꾸게 된다
그런데 그 꿈이란 것이
부끄러워질 때가 있어

더 넓은 집
더 멋진 차
더 근사한 먹거리
더 예쁜 옷
더 똑똑한 너의 모습

어린 너의 소유所有는
작은 선물들이면 충분했는데
네가 시간의 터널을 지나며
나와 비슷한 것들을 욕망하는 모습을 본다

나는 사랑만을 주고 싶어
내가 더 움직여야만

네가 행복하다면
나는 세상의 그 어떤 곳이라도
도달할 수 있겠다

주저앉고 싶고
그만두고 싶어도
난 너에게 줄 자유를 위해서 힘을 낼 거야

나도 아직 두려움이 있어
그 두려움은
잡을 수도 없고
만져지지도 않는데 말이야

내가 아무것도 아닌 것을
꼭 가져야 한다면
오직 사랑이란 이름으로
너와 함께한 세상을 소유하고 싶다

더 넓은 세상

보여주고 싶다
더 넓은 곳을
더 많은 것을

그저
너에게
더 많은 추억을 선물하고 싶을 뿐이야

돈으로 살 수 없는 것들이지
시간도
우리의 마음도

너를 아끼면서도
아무것도 하지 않는다면
그건 게으른 사랑이겠지

용기를 직접 심어줄 수는 없지
하지만 용기 있는 삶을 살 수 있도록
너를 이끄는 것은 가치 있는 일

하얀 바다별

내 눈에 보이는 세상이
온통 하얗다

눈보다 더 하얀
순결함을
너는 알고 있니

눈은 원래 아름다운 것
그러나 너를 만나서
눈보다 더 예쁜 존재를 알게 되었지

내 어린 시절의 함박눈과
지금 너와 함께 맞는 이 눈 오는 풍경

그 둘 사이의
시간을 초월超越한 채

나는 네가
더 커서 떠올릴 추억을 미리 그려본다
그 하얀 눈만으로도
네 마음이 따뜻해지기를
나는 오늘도
이 하얀 눈을
오래도록 바라본다

이 하얀 눈이
바다별에도 내리겠지

네가
오늘 아침 말해준
바다별이
하얀 눈빛들로
찰랑거린다

우주와 달님

어젯밤에도 너를 보았다
그냥 가만히
어쩌면 널 위해
열심히 살아온 나를
쉬게 하려고

나는 어두운 밤
하루의 끝에 너를 본다
내가 하루에 한 번씩은
너를 위해
큰 소리로 하는 말

"우주야"
고.마.워.
너를 보내줘서

너는 항상 내 말을 따라 하거나
이젠 당연하다는 듯 그냥 넘기거나
이 말이 낯간지러운지 크게 웃곤 하지
어느 날 너는
바람이 몹시도 차가운 밤 창문으로
"달님아"
고.마.워.
하며 나를 기쁘게 해주었어

너는
달님을 어떻게 생각하니
너는
우주를 어떻게 생각하니
너는
사랑을 온전히 알고 있지

내게는
달님도 별빛도 우주도
네가 없으면 아무 의미가 없단다

어제처럼 그리고 오늘같이 네가 있으면
나는 그 모든 것들에 감사하게 돼

너의 사람들이 행복하게

항상 생각해주겠니
네가 좋아하는 일
사랑하는 그 일을 할 때 말야

꼭 꼭
너로 인해
다른 사람들이
행복해지기를 바라기

너는 이미 세상에서
가장 큰 행복을
나에게 주었단다

받는 것에 익숙해지기보다는
아낌없이 주는 사람이 되자

너를 힘들게 했던
사람들을 용서하기를

너를 스쳐가는
인연들을 소중하게 여긴다면

너는
네 안에 이미 있는
신의 축복을
발견하게 될 거야

너의 선택을
항상 응원해

너는 많은 이들을
행복하게 할 테니

눈꽃, 딸

첫눈
나는 그렇게 올해의 겨울을
하얀 미소를 가진 너와 함께 처음 맞았다

너 자체가 눈꽃임에도
너의 머리에 예쁘게 떨어진
그 작고 하얀 눈송이가
너무나도 눈부시고 깨끗했다

작은 너에게서 큰 여왕의 모습이 보여

그렇게 예쁘게 내린 눈이 멈추었을 때
울음이 터진 너의 모습도
엄마는 가슴에 담을게

여기 있어줘

한밤중에
엄마가 옆에 없으면 우는 막내

아이가 말하는
"엄마~~" 하고 살짝 올라가는 억양에는
짜증도 섞여있고
서운함도 묻어있다

토닥토닥
뚝 그치고 바로 잠이 든다
예쁘다 너무 예뻐

나도 '엄마'구나
이 사랑스러운 아이가
온전히 의지하는 그런 사람이 바로 '나'라니

행복하고 감사한 순간들을
이래서 적어야 하는 거였어
날아가지 않았으면
흩어지지 않았으면

기억의 생생함이란
흐르는 시간에 쫓겨서라도
내 마음 가는 대로
그렇게 생생하게 존재하는 것이라 믿고 싶다

이 무한한 행복은
실존하든 혹은 허구이든
우리 모두의 기억이 창조해낸 보물이다
지켜줄게
너의 소중한 기억을 위해서라도
내가 항상 곁에 있어줄게

너를 잠시 잃어버린 날

시간이 참 빠르다
결혼하고 11번째 맞는 크리스마스
나와 그 사이에는
이제 너무도 예쁜 세 명의 아이들이 있다

특별한 계획은 없었지만
반짝이는 성탄절 전구 밑에서
준비한 케이크와 귀여운 타요 이층 침대가 있는
호텔에서 아이들은 신나게 웃어주었다

호텔에서 몇 밤 더 자고 싶다며
귀여운 투정을 부리는 너희들

그사이에 가졌던 짧은 나만의 시간
크리스마스이브 밤 한 시간
그리고 25일 아침 한 시간

예배 후 기쁜 마음으로
아웃렛을 들렀고
옷이며 신발이며 장난감을
아이들에게 사주느라 나조차 들떠있었는지

갑자기 막내가 보이지 않았다
순간 김영하의 〈아이를 찾습니다〉가 떠올랐다
그 소설을 읽지 말았어야 했나 보다
그 짧은 시간이 너무 무서웠다

절대 내게 일어나서는 안 되는 일이라고
되뇌면서도 나를 흠뻑 저주하고 있었다
'이게 다 너 때문이야'
제발 나타나주렴 아가야

다행히 금방 찾은 우리 셋째
내가 알던 세상이 다시 나에게 돌아왔다

아이와 잠시 떨어진 그때
내 마음속 들었던 나쁜 생각들
그것 말고

단 하나 가슴에 남는 것
'더 사랑해주지 못해서 미안하다'
'네가 얼마나 소중한지 내가 잊었었어'

내게 주어진 너와의 일상들을
너무 당연하게 여겨서는 아니 됨을

있잖아, 천천히 커주어도 괜찮아

"엄마는 행복해?"
그 누가 내게 이런 말을 해줄까
이토록 넓은 세상, 수많은 사람들 중에서
누가 이 '세 글자' 하나로
나를 웃음 짓게 해줄까

"엄마 행복해?"
"응. 엄마는 행.복.해."

조금만 더 천천히 가고 싶었어
이 상태로만 늙지 않고
너희들도 지금 이대로 내 곁에 있어주면
행복할 것 같았어
그래도, 우린 지금보다 훨씬 더 많이 자라야 해

너희들이 엄마보다
더 크게, 크게 크려면
더 멀리, 멀리 가려면
더 높이, 높이 보려면

오래가는 사랑

"엄마는 죽어서도 너를 사랑할 거야"
"그럼, 유령이 되어서도 나를 사랑하는 거야?"
"응, 그럴 거야"

엄마는 그래
살아서는 내 눈에 보이는
너의 모든 모습들을
사랑할 거야

죽어서는,
알 수 없지만
엄마는 믿고 싶다

이 사랑이
내가 사라진 뒤에도
너를 감싸고

네가 또 엄마, 아빠가 되어 느낄
그 작은 생명체를 향한 사랑에 보태어져

그렇게
오래오래
사랑이 전해지길

그럼 닿는 거네
너의 그 말이
"유령이 되어서도 엄마는 너를 사랑해"

세상 모든 긍정의 힘을 너에게

이 세상은 사랑과 배려로 가득 차있단다
너는 이 세상에
사랑을 실천하기 위해 왔다는 것을 잊지 말렴

너를 항상 사랑할 사람은 바로 너 자신이란다
너의 능력이 무한하다는 사실은
이미 과학적으로 증명되었어

잊지 마,
결국엔 네가 원하는 대로 살아갈 수 있음을
때론 불안한 생각이 너를 괴롭히며
네가 하고자 하는 것들을 방해하겠지
그 어떤 상황에서도 너는 긍정을 선택해야만 해

눈에 보이는 물질에 집착하는 대신,
보이지 않는 너의 잠재의식을 튼튼하게 세우면
부의 축복은 물론

네 삶의 행운은 모두 너의 것이 된단다

부정적인 습관을 매일 버리는 훈련은
너를 더 높은 곳으로 데려다줄 거야

타인을 짓밟고 올라서려는
좁디좁고 이기적인 마음으로는
절대로 성공할 수 없다

너는 큰 꿈을 꾸어라
혼자만의 기쁨보다는
여러 사람들에게
행복의 웃음을 전하는 삶을 살기를

나는 눈감는 그날까지 너를 응원하다가
소리 없는 빛이 되어 너를 지켜줄 거야

완전한 존재에게

나의 어떤 점이 좋아서 내게 왔니
나의 허물을 다 알고 있었음에도
너는 내게 와주었구나

지금도 앞으로도
나에게는
그런 사람
그런 사랑 다시 없을 것
나는 너를 통해서
내 안에 있는 참사랑을 알 수 있었고

나는 너를 만나서
삶을 다시 살 수 있었어
진짜 살고 싶은 삶 말이야

그건 내가 이 세상에 태어나길 참 잘했다고
후회 없이 떠날 수 있는 그런 삶이다

그럼에도 나는 매일 후회를 한다

더 잘 대해줄걸
더 다정하게 말해줄걸
더 꼭 안아줄걸
덜 혼낼걸
덜 판단할걸
덜 무섭게 할걸

너를 만나기 전까진
내 안에 있는 두려움과 어려움을
꽁꽁 싸매고
어두운 수채색으로 덮어버렸지

너는 아주 맑고 투명한 물과 같아서
잿빛의 수채화 물감들이
아름답게 틀에 희석稀釋되듯이

내 속에 본래 있었던
그 보석을 네가 찾아내주었어

그래서 나는 너를 통해
세상을 다시 보게 되었다
나는 다시 태어난 기분이야

그런 너에게
감사하는 마음을 자꾸 잊는다

내가 살아온 방식으로
너를 대하는 건 어리석은 일이지

나의 모든 부족함에 대해
이미 알고 있어도
비판하지 않는 너는
세상에서 가장 고마운 아이야

다행이야

아무 예고도 없이
네가 아팠다

너는 아무것도 먹지 못하고는
그대로 잠이 들었지
네가 아프면
늘 나는 초조하게 되고 당황하게 돼

혹시 몰라서
따뜻하게 해주었다가
또 불안한 마음에
차갑게도 만들었다가
자고 일어나면
네가 어서 웃길 바랐어

그런데 고통스럽게
소리를 지르는 너를 보고는
병원으로 가야 했어

너는 나에게 계속 안겨있었지
네가 아파서 나를 더 찾을 때
나는 내 존재가 더욱 크게 느껴졌다
이 우쭐한 생각을 그냥 버리고 싶어

나는 그런 것은 정말 싫다
네가 아프지 않고
나에게 덜 의지하는 삶이
진짜 내가 원하는 것이라고

그게 정말 어른이지
다행이다
병원이라는 그곳이
너보다 나를 더 안심시킬 수 있어서

참 다행이다
네가 왜 아픈지

곧 나을지
알 수 있어서
너의 고통을
나는 알 수 없었어
내가 참 이기적인 존재가 된 듯 느껴졌다

그래도 나는 사랑이라 할 수 있을까
네가 느끼는 그만큼의 고통을
나는 알 수 없는데
그것을 나는 사랑이라고 부를 수 있을까

거기까지는
내 능력 밖이라는 걸
받아들여야만
너라는 존재를 품을 자격이 되겠지

네가 드디어 미소를 짓는 그 순간
나는 더 바랄 것이 없었어

이 세상의 아픔이 보이는 만큼
더 사랑을 하고 싶은 날

가장 큰 사람

내가
알고 있는 것을
너는 모른다고 생각했어

너는
어려서
너는
작아서

나를
통해서만
알아야 한다고
착각했지

너는 놀랍게도
눈에 보이지 않는
세상의 진리를
이미 알고 있었어

너는 나의
스승이라는
사실을 지금의 내 나이에 알게 되다니

너는
그 많은 것을
알고 있어도
침묵할 줄 알았고

나는
그 많은 것을
모르고 있어도
부끄러운 줄 몰랐다

너는 결코 작은 아이가 아니야

그 무엇이든 너는

좋아하는 일을 하렴
네가 정말로 하고 싶은 일
네가 잘하는 일을
사랑하기까지 한다면
너는 세상에서 가장 행복한 사람이 될 거야

도전하는 것을
두려워하지 말기를
실패해도 멈추지 않기를
할 수 있는 한
최선을 다하기를

너를 망가뜨리는 욕망에
굴복하지 않기를

더 많은 것을
경험해보기를

소소한 일상에도 감사하기를
너무 빠른 성공에 자만하지 않기를

받은 것이 있다면
기쁘게 기쁘게 또 기쁘게
몇 배로 되돌려주기를

타인의 시선에
너를 맞추지 않기를

너의 개성個性은
너만이 소유할 수 있음을

너는
너만의 속도로 가렴
천천히 가도 괜찮아
결과가 좋지 않아도 문제없어

너는
그 무엇이든
될 수 있다

처음 듣는 말

처음 듣는 말이야
태어나서
처음 겪는 일이야

너는 짙은 고요함 속에서 물었지
너의 얼굴은 나의 눈으로만 봐야 하냐고
나의 얼굴은
오직 너의 눈을 통해서만 볼 수 있다고

처음이었어
나는 내 모습을 평생 직접 볼 수 없다는 것을
그 깊은 밤 너로 인해 처음 생각할 수 있었다

"백억 배로 좋아해" 네게서 나온 그 말
나는 그 말이 정말이냐고
나를 향해 하는 말이 맞는지
다시 한번 물었지

너는 아까와 똑같은 목소리로 '정말이라고'
나와 함께하는 시간이
네가 정말 좋아하는 일보다
백억 배나 좋다는 그 말을
따뜻한 온도로 나게 말해주었지

처음이야
네가 하는 그 말을
들어본 적이
내 인생 처음이다

너는
언어를
알기 전
그 순수의 시간들로
나를 행복하게 만들었었지

'말'을 다루는 마법을
너는 어디에서 배웠니

너의 그 말이
내게는 다 처음이라
참 고맙다

작은 용기

시간이
지나면
네가 겪게 되는 일

'툭' 하고
네게서
떨어져 나온 작은 조각

너는
아파서라기보다는
놀라서 울었지

그리고는
작은 미소를 띠었다
축하해

너는
작은 용기를 냈구나

나도 그랬을까
나도 너처럼
고통을 피하려고 애썼겠지

그리고는
저항할 수 없는
현실에
살짝 체념도 했으리라

변함없는 사랑이
내 곁에 있다는 것은
그 어떤 힘듦도
이겨낼 수 있다는 것

네가 나를 믿고
잘 참아주었다는 것
그것만으로도

너는 이미 나의
작은 영웅英雄이다

한결같이

"지금은 몇 시야?"
늘 내게서 하루 시간을 읽는 너

내가 가장
아름답게 일어나는 방법
너의 말이 나를 깨울 때
"햇님이 인사해. 어서 일어나"

해에 가장 가깝고
달에 먼저 닿는 너의 시간
그런 네가 내 곁에 있구나

나는 어느새
계산에 익숙해져
네 마음을 읽지 못했어

너는 나와
같은 공간에 있지만
너무도 귀한 손님이다

한결같이
너는 시간을 모른다
한결같이
너는 시간을 넘는다
한결같이
너는 시간을 돌린다

내 시계만 자꾸 앞으로
향하고 있나 보다

오늘도
물어봐주렴
달님에게
벌써 왔냐고

살아 숨 쉬는 기쁨

누구나 아플 때가 있지
네가 아파서 병원에 머무른 여러 날
꼭 4년 만에 같은 질병으로 다시 찾은 입원실

네가 갑자기 아픈 것은 아니었어
몇 주를 계속 힘들어했으니까

아무것도 먹지 못하고
기침으로 고통스러워하는 너를 보며
불안한 마음에 엑스레이를 찍었지

나중에 네가 병원 놀이 할 때
"뼈다귀 찍는 그거 있잖아" 하는 말에
난 웃을 수밖에 없었지만

검사와 약물로 네가 꽂은 주삿바늘에
안쓰러움 반

울지 않고 씩씩하게 참아준 것에 대한
대견함 반

많이 아파서 축 처져있던 네가
밥도 잘 먹고
금방 웃음을 되찾아서
얼마나 기뻤는지 아니

너와 같이 병실에 단둘이 있으면서
우리 서로 많이 웃었지
너는 평소와는 다르게
내게서 떨어지지 않으려 했어

우리가 머물러야 했던 그 장소에서
바라보는 일상 풍경이
너무도 색다르게 느껴졌단다

매일 아무렇지 않게
숨 쉬고 걷고 자유로움을 누린다는 것
그것은 정말 축복이구나

건강이 허락된 삶, 내 몸의 주인으로
아무 문제 없이 살아가는 하루가
평범한 것이 절대 아니었어
너의 고통이 사라졌음에
나는 안도했고,
아픈 사람들이 어서 낫기를 바라는
마음 또한 더 간절히 생겨났다

너의 영혼에 온 세상이

하나의 영혼에는
온 세상이 들어있다지

그 영혼을 배우는 방법을 알면,
세상으로 통하는 문을 보게 된대

너는 완전한 영혼이라
'어떻게 그 문을 열 수 있을까?'
고민하지 않아도 된단다

네 작은 손에 그 열쇠가 있거든
너의 마음에는
이미 온 세상이
가득 차있단다

너는 동시에 두 영역에
발을 딛고
살아가는 존재야

너의 눈에 보이는 세계와
드러나지 않고 보이지도 않는 세계
모든 것은 결국 사랑으로 만날 테니

너는 이 멋진 두 개의 세상을
연결할 줄 알기에
지금 이 순간도 너는
온 세상을 연결하고 있구나

에필로그

아이의 마음이 詩가 되어 내게 온다

우리는 어른이 되어도 순수한 마음을 가슴속 깊이 간직하고 있지요.
어릴 때 느꼈던 감정들이 마치 어제처럼 느껴질 때도 종종 있고, 유년 시절 한 번쯤 생각해본 것들이 아이를 통해 재현되기도 하고, 꿈속에서 우리의 동심을 마주할 때도 있어요.
아이들은 정말 마법 같은 존재예요.
열심히 준비는 했지만 어딘지 모르게 어설프고 모든 것들이 처음인 엄마에게 우리 아이들이 완전한 존재로 왔다는 것은 기적이기에요.
아이들이 하는 말들을 가만히 귀 기울여 들어보세요.
아이들이 하는 행동을 눈여겨 관찰해보세요.
아이들이 하는 생각을 어떤 기준 없이 그대로 마음으로 가져와보세요.
아이들이 주는 사랑을 온전히 품어보세요.

아이들이 초대하는 놀이에 기쁘게 참여해보세요.
시는 어린아이들도 지을 수 있는 자유로운 형식의 마음 글이란 생각이 들어요.
그저 아이들만 바라봐도 그 속에서 느끼는 환희와 기쁨의 감정들을 엄마라면 분명히 가지고 있거든요.
엄마의 마음을 꼭꼭 글로 적어보세요.
이 멋진 세상에서 가장 빛나는 순간을 매일 목격하는 엄마라서 행복합니다.
이 아름다운 광경을 오래도록 간직하고 싶습니다.
두고두고 꺼내어 볼 아이들과의 추억들….
흐르는 강물처럼 제 마음속을 깨끗하게 치유해주는 우리 아이들에게 언제까지나 시로 속삭이겠습니다.
사랑합니다. 사랑합니다. 사랑합니다.